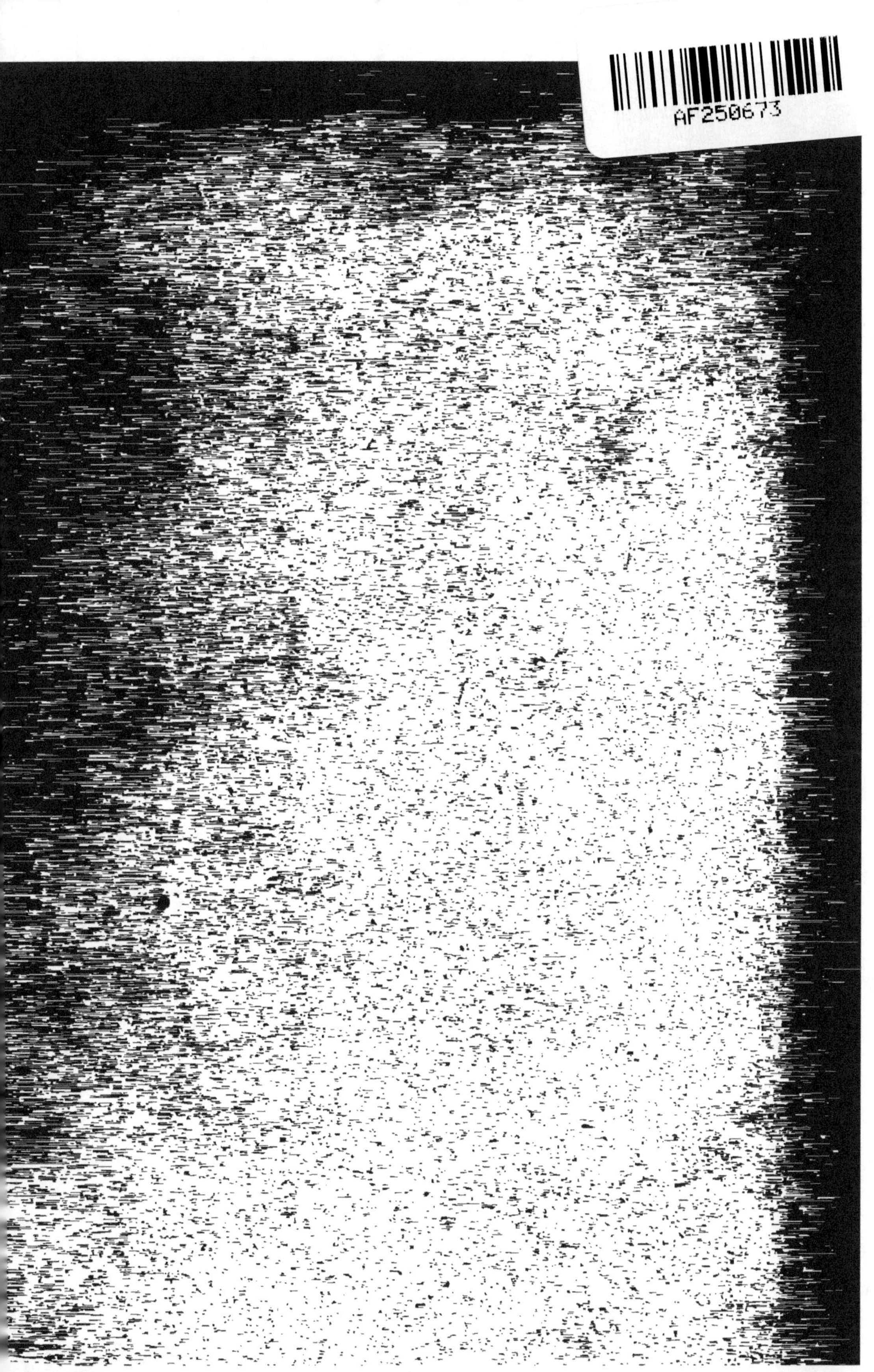

NOTICE BIOGRAPHIQUE

SUR

M. VARSAVAUX;

Extrait de la Revue générale biographique et nécrologique,

SOUS LA DIRECTION

DE M. E. PASCALLET.

DEUXIÈME ÉDITION.

PARIS,

AU BUREAU DE LA REVUE GÉNÉRALE
BIOGRAPHIQUE ET NÉCROLOGIQUE,
Rue Godot-de-Mauroy, 18.

1846.

Egards et Justice pour tous.

IMPRIMERIE ET LITHOGRAPHIE DE MAISTRASSE ET WIART,
Rue Notre-Dame-des-Victoires, 16.

M. VARSAVAUX,

ANCIEN DÉPUTÉ DE LA LOIRE-INFÉRIEURE, CHEVALIER DE LA LÉGION-D'HONNEUR, ADJOINT AU MAIRE DE LA VILLE DE NANTES.

M. VARSAVAUX (*François-Marie-César*), issu d'une famille honorable de la Bretagne, naquit en 1779, au château de Blain, ancien apanage du célèbre connétable de Clisson au quatorzième siècle. Son aïeul, M. Varsavaux de Kerjestin, avocat au parlement de Rennes, y faisait sa résidence, en qualité de membre du conseil des ducs de Rohan, héritiers d'une partie des fiefs de Clisson. Ce fut là qu'il composa et fit ensuite imprimer à Rennes, en 1750, *le Traité des Communes*, œuvre de jurisprudence qui assigna dans le temps un renom distingué à son auteur, dont on cite encore l'autorité devant les tribunaux de la Bretagne.

Echevin de la ville de Nantes, M. Varsavaux de Henlée, son père, fit partie des douze citoyens qui, réunis aux autres députés de la province, se rendirent en 1788 à Paris, avec l'éclatante mission de solliciter auprès du trône la convocation des états-généraux. Proscrit sous le régime de la terreur, détenu durant plusieurs mois dans les cachots de la Conciergerie, il n'échappa à l'échafaud, avec quatre-vingt-treize Nantais, ses compagnons d'infortune, que par la chute de Robespierre, dans la mémorable journée du 9 thermidor. Au retour de sa captivité, il fut réintégré dans l'exercice des fonctions municipales par l'élection populaire.

Dévoué par conviction aux grands principes de 1789, qui fondèrent l'alliance des libertés publiques et de la monarchie constitutionnelle, M. César Varsavaux entra dans la carrière administrative et politique à l'époque des Cent-Jours; il n'hésita pas à se rallier avec toute l'énergie d'un cœur breton aux amis de l'indépendance nationale, pour combattre le double fléau de la guerre civile et de l'invasion étrangère; il accepta dans ces graves et périlleuses circonstances les fonctions de premier adjoint de la mairie de Nantes et de président de la fédération bretonne; en récompense de son zèle patriotique, l'Empereur le décora du titre de chevalier de la Légion-d'Honneur.

M. Varsavaux avait exercé jusqu'en 1825 les

fonctions du notariat à Nantes. Les sentiments d'honneur et de probité héréditaires dans sa famille, qui, dans toutes les positions, lui servirent toujours de guides, lui valurent, de la part de ses concitoyens, de nombreux témoignages de considération.

Retiré des affaires lorsque la révolution de juillet éclata, il rentra dans les fonctions de premier adjoint au maire de Nantes, et fut nommé membre du conseil-général du département. Président de la grande députation de cette ville qui se rendit à Paris, en août 1830, il eut l'insigne honneur d'offrir les vœux et les hommages de ses concitoyens au roi, élu de la nation, à l'occasion de son glorieux avénement. Peu de jours après il revint à Nantes, apportant les drapeaux aux nobles couleurs dont le monarque constitutionnel confiait la défense au patriotisme et au courage de la garde nationale de cette grande cité.

Appelé dans la même année à la Chambre des députés par le collége électoral de Savenay, admis à la séance du 30 novembre et réélu en 1831, il fit un rapport sur les élections de la Seine-Inférieure pour l'admission de MM. Hely Doyssel, de Villequier et Mallet.

L'administration municipale de Nantes s'étant retirée en 1832, M. Varsavaux crut devoir refuser les fonctions éminentes de maire de cette ville, que l'illustre Casimir Périer, alors président du

conseil, lui offrait dans les termes les plus honora-
bles par sa correspondance officielle.

Dans la séance du 29 octobre 1851, M. Varsavaux prit la parole au sujet de l'impôt du sel.

« Messieurs, disait l'honorable député, l'impôt
» du sel a donné lieu à de nombreuses réclama-
» tions; tout semble avoir été dit sur la matière,
» aussi ne m'arrêterai-je pas à reproduire devant
» vous les arguments et les chiffres, qui prouvent
» au plus haut degré d'évidence l'inégale réparti-
» tion de cette taxe qui accable de tout son poids
» les classes indigentes.

» Il n'est jamais venu à la pensée des économis-
» tes et des législateurs d'imposer le pain; eh!
» bien, Messieurs, il est hors de doute que le sel ne
» soit après le pain le comestible le plus indispen-
» sable aux populations agricoles : vous savez que
» l'impôt du sel représente trente fois la valeur de
» cette denrée.

» La pétition dont vous venez d'entendre le rap-
» port n'exagère rien à cet égard, et un de nos ho-
» rables collègues, le général Bugeaud a démontré
» dans un mémoire intéressant que tel journalier,
» dont la cote personnelle et mobilière ne s'élève
» qu'à la somme de 4 francs, paie en réalité 36
» francs pour la part de sa famille dans la contri-
» bution du sel, tandis que l'homme dans l'opu-
» lence ne paie pas sous ce rapport au-delà de 9
» francs.

» En résumé, disait l'orateur après avoir victo-
» rieusement appuyé la pétition, l'impôt sur le sel
» est contraire au principe de la Charte qui veut
» que chaque citoyen contribue, en raison de sa for-
» tune, aux charges de l'Etat ; il blesse les droits de
» l'humanité, puisqu'il prive les classes les plus
» pauvres d'un aliment indispensable, il est funeste
» à la morale parce qu'il les entraîne aux criminel-
» les habitudes de la fraude et de la révolte (1). »

Dans la séance du 16 décembre, M. Varsavaux
s'éleva contre le projet de loi relatif à la création
facultative d'entrepôts à l'intérieur et aux fron-
tières.

« Messieurs, disait l'orateur, la question qui
» vous est soumise est très grave, elle a été à plu-
» sieurs reprises vivement controversée, et les
» ajournemens successifs qu'elle a dû subir dé-
» montrent suffisamment tout ce qu'elle renferme
» d'incertitude aux yeux du gouvernement....

» On ne peut se dissimuler, Messieurs, que nous
» vivons au milieu des crises les plus alarmantes
» pour l'industrie manufacturière et commerciale,
» la plupart des entreprises sont en souffrance.....

» Est-ce bien dans de telles circonstances et en
» présence de tels événemens qu'il convient de

____

(1) A l'instant où nous écrivons ces lignes la question de
l'impôt sur le sel vient de recevoir une solution conforme
aux idées libérales, émises en 1831 par l'honorable M. Varsavaux.

» traiter une question dont le résultat ne conduit
» à rien moins qu'au bouleversement de toutes les
» existences laborieuses de nos ports de mer. »

Après avoir démontré avec une grande clarté et une grande force de raisonnement, que la création des nouveaux entrepôts aurait pour résultat de concentrer les affaires sur quelques points de l'intérieur au détriment des ports de mer, M. Varsavaux terminait ainsi :

« Étranger au commerce, il était au-dessus de
» mes forces de traiter la question avec tous les dé-
» veloppemens qu'elle exige, mais j'aurais cru
» manquer tout à-la-fois à mes devoirs de citoyen
» et d'administrateur de la ville de Nantes, en vous
» dissimulant la conviction intime où je suis, que
» le système des entrepôts intérieurs porterait
» le coup le plus mortel à sa prospérité et à
» son existence commerciale. — Je vote contre le
» projet. »

A la séance du 29 décembre, M. Varsavaux demanda la parole pour un fait personnel, et il défendit la mairie de la ville de Nantes avec une chaleur digne de tous les éloges.

« Messieurs, dit l'honorable député, ce n'est pas
» seulement avec surprise mais avec un sentiment
» profond de peine que j'entendis, dans la séance
» d'hier, M. le ministre du commerce accuser la
» mairie de Nantes d'avoir usé de son influence sur
» les classes pauvres et soulevé les passions contre
» le projet de loi des entrepôts maritimes. (*Bruit.*)

» M. le ministre, en citant quelques documens,
» en extrait ce qui suit :

« Divers bruits circulent encore à ce sujet, les
» uns disent que les principaux des portefaix ont
» été mandés à la mairie, et que là, on a cherché à
» leur faire comprendre que l'établissement des
» entrepôts leur ôterait leur travail et les réduirait
» à la misère. »

» Certes une telle imputation serait grave si elle
» était fondée, mais j'ai comme tous mes conci-
» toyens la certitude que le maire et les adjoints
» comprennent mieux leurs devoirs. J'atteste que
» depuis la révolution de juillet, où l'on a remis en
» leurs mains les rênes de l'administration, ils
» n'ont pas cessé de montrer autant de patriotisme
» que de dévouement à nos institutions et aux prin-
» cipes de la légalité ; j'atteste qu'ils n'usent cha-
» que jour de la confiance dont ils s'honorent que
» pour calmer l'irritation des esprits, maintenir la
» concorde entre les citoyens de toutes les nuan-
» ces d'opinions et faire respecter par tous l'ordre
» public et la puissance des lois.

» J'ose croire, Messieurs, que cette courte expli-
» cation suffira pour paralyser les fâcheuses pré-
» ventions qu'auraient pu produire les paroles du
» ministre dans cette assemblée, en attendant
» qu'une justification précise et complète vienne
» donner un éclatant démenti à des assertions que
» je laisse aux hommes sages le soin de qualifier. »

En 1834, à la séance du **28** avril, M. Varsavaux

prit la parole pour appuyer l'amendement de M. Roul au chapitre 3 du budget du ministère des affaires étrangères pour l'établissement d'un consulat à Manille.

Après avoir démontré que l'intérêt de notre commerce demandait qu'il y eût un consulat à Manille, M. Varsavaux citait l'exemple de l'Angleterre, et rendait cet hommage au cabinet de Londres, qu'au milieu des phâses diverses qui élèvent tour à tour au pouvoir les hommes dont les doctrines de politique et d'économie se livrent un éternel combat, les grands intérêts du pays trouvaient constamment pour auxiliaires, dans tous les membres du cabinet, une concordance de vue, un esprit de suite et de persévérance qui maintenaient et perpétuaient ce haut degré d'influence et de prospérité qui plaçait l'empire britannique au premier rang des nations.

M. Varsavaux rappelait, en terminant, la catastrophe de 1820, où un grand nombre de Français périrent en plein jour, dans les murs de Manille, sous les coups d'une population furieuse, et il ajoutait que si notre pavillon flottait sur la maison d'un consul, l'étranger n'oserait pas l'insulter, ou que si cela arrivait, le châtiment qui s'ensuivrait ne tarderait pas à prévenir de nouveaux outrages.

En général, M. Varsavaux apporta, dans toutes les discussions, pendant son séjour à la Chambre, une droiture de sentiment remarquable et un chaleureux dévouement pour les intérêts qui lui avaient été confiés.

Obligé , par raison de santé, de renoncer aux travaux législatifs, il abandonna ses fonctions vers la fin de 1834, et rentra dans la vie privée, où il a toujours continué depuis à prêter à ses concitoyens l'appui de son talent et de sa précieuse expérience.

P. CARISSAN.

www.ingramcontent.com/pod-product-compliance
Lightning Source LLC
Chambersburg PA
CBHW051448060726